广东省南粤交通投资建设有限公司　组织编写

NANGUO HONGDOU

GAOSU GONGLU LUYU JINGGUAN JIANSHE CHENGGUO TUJI

高速公路路域景观建设成果图集

人民交通出版社股份有限公司
China Communications Press Co.,Ltd.

图书在版编目(CIP)数据

南国红豆 : 高速公路路域景观建设成果图集 / 广东省南粤交通投资建设有限公司组织编写. — 北京 : 人民交通出版社股份有限公司, 2017.12
ISBN 978-7-114-14461-5

Ⅰ. ①南… Ⅱ. ①广… Ⅲ. ①高速公路－公路景观－建设－中国－图集 Ⅳ. ①U418.9-64

中国版本图书馆CIP数据核字(2017)第322083号

书　　名：南国红豆——高速公路路域景观建设成果图集
著 作 者：广东省南粤交通投资建设有限公司
责任编辑：牛家鸣
责任校对：赵媛媛
责任印制：张　凯
出版发行：人民交通出版社股份有限公司
地　　址：(100011)北京市朝阳区安定门外外馆斜街3号
网　　址：http://www.ccpress.com.cn
销售电话：(010)59757973
总 销 售：人民交通出版社股份有限公司发行部
经　　销：各地新华书店
印　　刷：广州市岭美彩印有限公司
开　　本：880×1230 1/16
印　　张：14.25
字　　数：158千
版　　次：2018年6月　第1版
印　　次：2018年6月　第1次印刷
书　　号：ISBN 978-7-114-14461-5
定　　价：120.00元

编审委员会

主　　　任：黄成造

副　主　任：贾绍明　陈明星　张钱松　王　璜　职雨风　尹良龙　夏振军　张其浪　乔　翔

委　　　员：梅晓亮　陈　红　孙家伟　王文州　余长春　肖富昌　唐汉坤　张连成　张　利　薛长武　黄少雄　邱新林　叶　勇　王啟铜

编　写　组

组　　　长：乔　翔

副　组　长：陈　红　肖富昌　孙家伟　余长春

主要编写人员：王文州　吴俊强　刘小飞　陈基灿　李立新　刘　欣　王　波　陈　记　傅光奇　陈清松　周先平　甄东晓　刘朝军　何玉美　李　斌

书名题字：乔　翔

一提红豆，总惹相思。古来多少英雄美人，都无过相思之劫，写相思文章，动相思之念，饮相思之水，思相思之源，了相思之苦，解相思之缘。“玲珑骰子安红豆，入骨相思知不知”，红豆，早已是相思的代名词。

相思因缘而起，只因那曾经的人、曾经的事、曾经的经历，如芳华、如汗水、如泪水、如那年那月那日我们共同度过的时光，当相思经历人类情感的变化后，不再是简单的雌雄相对、阴阳相谐，而是那么宽泛、那么让人回味、那么让人留恋，让时光都不再前行。

从2012年底到2017年底，广东省南粤交通投资建设有限公司从出生到逐渐成为建成通车560公里、在建1000多公里的高速公路建设主力军，不仅完成质的转变，还提出更高、更新的高速公路建设管理新理念——“南粤品质工程”，与时代化的“品质工程”“绿色公路”完全相呼应，且更加充实、更注重为民服务与用户体验，“路域景观工程”就是“南粤品质工程”中的一个重要组成部分，这部分工作更加注重用户接触面的直观感受，争取从观感、触感、立体美感、动态空间艺术、季节色彩艺术等方面给用户以最好的享受，以切实实现“美好生活”的品质愿景。

当然，“路域景观工程”的提出和打造目前仅仅处于起步阶段，还有很多方面有待完善，我们也会一直努力下去。现在，我们所欣慰的是这种思想可以落地生根、开花结果，哪怕是一片小小的试验田、哪怕是一粒小小的相思豆，在我们“漫卷诗书喜若狂”的同时，立此存照，让时光永驻，并与大家分享，以期互通有无，更好发展。

南国与南粤，相对而言南粤更小，小到只能形容广东这片土地，不过这已足够，足够让我们这些南粤人在南国之下的南粤大地上来回味曾经的过程、曾经的那段时光、曾经的辉煌，当前行的路越走越远，当我们步履蹒跚，当夕阳晚照，便可以打开这个相册，回忆那段从前。

浣 溪 沙

晏几道（宋）

已拆秋千不奈闲，
却随胡蝶到花间。
旋寻双叶插云鬟。

几摺湘裙烟缕细，
一钩罗袜素蟾弯。
绿窗红豆忆前欢。

——题记

随着经济社会的飞速发展，作为交通基础设施的主力军，公路既要满足安全通畅的基本要求，更要注重绿色生态保护和服务品质提升，以更好满足人民日益增长的美好生活需要。绿色公路是节能、低碳、环保技术在新时期的沿用、丰富与创新，最大限度地保护、最低程度地影响、最强力度地恢复自然环境，实现公路与自然的健康协调、可持续发展。实施绿色公路，是交通行业坚持新发展理念，进一步转变发展方式，建设安全、便捷、高效、绿色、经济交通的生动实践。

“十二五”以来，广东交通建设日新月异、驰而不息。广东省南粤交通投资建设有限公司（以下简称“南粤公司”）从2012年成立起，经过短短五年的顽强拼搏、戮力攻坚，已成为我省高速公路建设的一支主力军。南粤公司成立之初就提出“建优质节约工程、造文化生态长廊”的建设目标，坚持把“修一条路、造一片景”的理念贯穿规划、设计、建设、运营、管理全过程，按照“抓点、延线、扩面”的工作思路，倾力打造绿色长廊、景观长廊、生态长廊。2017年以来，南粤公司负责建设的汕昆高速公路、武深高速公路、汕湛高速公路等大型项目相继建成，呈现出一条条贴近自然、协调美观的绿色公路，展现了南粤工程的品质。

南粤公司在建设实践方面积累了十分宝贵的成功经验，值得总结和发扬。建设者一滴滴辛勤劳动的汗水定格成的这一帧帧璀璨图片，既是探索建设绿色公路、路域景观的成果小结，也是我省持续推进绿色公路的成果见证，可供业内同行学习和借鉴。在党的十九大精神的指引下，我们更加坚定了发展绿色交通的信念，全省交通建设者要不断总结实践经验，继往开来，再创交通建设辉煌。

广东省交通运输厅党组成员、总工程师：黄成造

S47

前言 FOREWORD

当前，广东省高速公路建设正处于快速发展阶段。截至2017年底，全省高速公路通车总里程达8338公里。随着路网的不断完善和人们生活水平的提高，驾乘人员对交通出行质量需求层次明显提升，加之环境保护意识的增强和可持续发展观念的深入人心，对高速公路的景观设计提出了更高的要求。

广东省南粤交通投资建设有限公司（以下简称“公司”）所承建的高速公路项目共计11项（16段）/1600公里。据不完全统计，项目沿线途经广东省18个地级市（深圳、汕尾、东莞市除外）。为牢固树立创新、协调、绿色、开放、共享的“五大”发展理念，践行绿色公路，打造品质工程，根据交通运输部、广东省交通运输厅的有关要求，公司在我省高速公路建设中率先启动开展了“南粤品质工程”创建活动，旨在以公众出行的品质需求为导向，努力提升项目建设的内在质量和外在品位。其中，路域景观提升行动明确作为创建“品质工程”的一项重要抓手。

2017年，公司以司属通车高速公路项目为依托，实化路域景观提升行动的各项管理措施，将公路景观要求牢牢根植于项目建设全过程，各项目组织设计单位充分挖掘沿线自然、人文景观资源的亮点和内涵，积极打造路基、桥梁、隧道、互通立交、服务区等景观节点，确保道路视域内景观效果好，无创面、无裸土，严格把好路域景观提升方案文件的编制和审查工作，并切实落实到工程建设中，形成了具有特色的路域景观打造手法。

一是确立了景观地形先行的设计理念。力求通过合理的利用和改造地形，特别是微地形的利用和处理，进一步丰富增强景观的空间立体感和层次感。

二是规范了路侧景观的设计手法，加强借景、对景、框景、障景、引景等组景手法的应用，通过空间结构的变化，展现公路周边各类景观（大山、森林、古村落、稻田、溪流、乡间小路等）的美学要素。

三是更加注重行车视角的场景分析，充分考虑车行人员的整体感受，进一步密切公路景观与行车速度、视角、视觉感受等要素的关联度。

四是强化了隧道洞门整体景观打造，倡导洞顶零仰坡方案。

五是实现了房建场区建筑景观、人文景观、自然景观互相融合，综合展现地域文化、企业文化、建筑文化等元素。

基于此，公司组织编写了《南国红豆——高速公路路域景观建设成果图集》，集中展现云湛、武深、汕昆、宁莞、揭惠等2017年通车项目以及其他部分在建项目的景观成果。图集的编写得到了相关领导的关心和帮助，得到了司属各项目的积极响应和大力支持，在此一并表示衷心感谢！由于水平有限，书中不足之处在所难免，恳请广大读者和同行不吝指教。

广东省南粤交通投资建设有限公司党委副书记、总经理：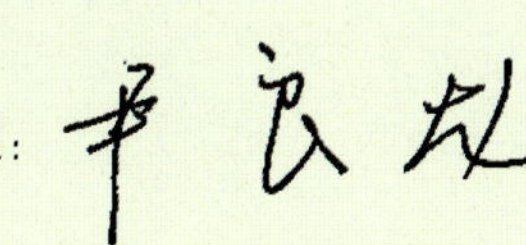

目
录
CONTENTS

第一篇 PART 1

说明及总体景观

说　明

截至2017年底，南粤公司负责建设、管理的政府还贷高速公路项目共计25个（段）/2107公里，总投资2982亿元。其中：2017年建成通车560公里，2018年计划建成通车540公里。

2016年，南粤公司在广东省范围内率先启动“南粤品质工程”创建活动，以“弘扬现代工匠精神，打造南粤品质工程”为主题，以提升项目建设的内在质量和外在品位为主线，以公众的品质需求为导向，具体化目标和措施，全力打造“资源节约、生态环保、节能高效、服务提升”的现代型品质公路，努力建成一批经得起时间和实践检验的品质工程示范项目，力争在品质工程创建领域成为广东省交通运输行业典范。

“南粤品质工程”具体以设计理念、现场管理、路域景观、服务能力等四大主题提升行动贯穿活动始终，各项目相应主导制定具体实施方案，全面深入推进品质工程创建工作。

2017年，南粤公司以通车项目为主导，在品质工程创建活动中持续发力，特别以通车时的路域景观为抓手，突出以品质工程、绿色公路为引领，在满足“优质耐久、安全舒适、经济环保、社会认可”建设目标的前提下，不断提升品质工程的品位，为实现“人路和谐”而努力创新打造高速公路路域景观。针对路域景观提升行动，各项目组织设计单位充分挖掘沿线自然、人文景观资源的亮点和内涵，积极打造高速公路整体景观、高速公路两侧、中央分隔带、桥梁、隧道、互通立交、服务设施（服务区、停车区）、办公（生活）区等景观节点，形成了具有南粤公司特色的路域景观打造手法，展现项目通车新面貌。

广东省南粤交通投资建设有限公司
揭惠管理中心
揭惠高速公路
潮漳管理中心
潮漳高速公路
珠海连接线管理中心
港珠澳大桥珠海连接线
广中江管理处
广中江高速公路
河惠莞管理中心
河惠莞高速公路
东雷管理中心
东雷高速公路
清云管理中心
清云高速公路
怀阳管理中心
怀阳高速公路
韶赣管理中心
韶赣高速公路
江肇管理中心
江肇高速公路
大丰华管理中心
大丰华高速公路
吴川支线管理处
汕湛高速公路吴川支线段
龙怀管理中心
龙连管理处
龙连高速公路
连英管理处
连英高速公路
英怀管理处
英怀高速公路
仁博管理中心
仁新管理处
仁新高速公路
新博管理处
新博高速公路
云湛管理中心
新阳管理处
新阳高速公路
阳化管理处
阳化高速公路
化湛管理处
化湛高速公路

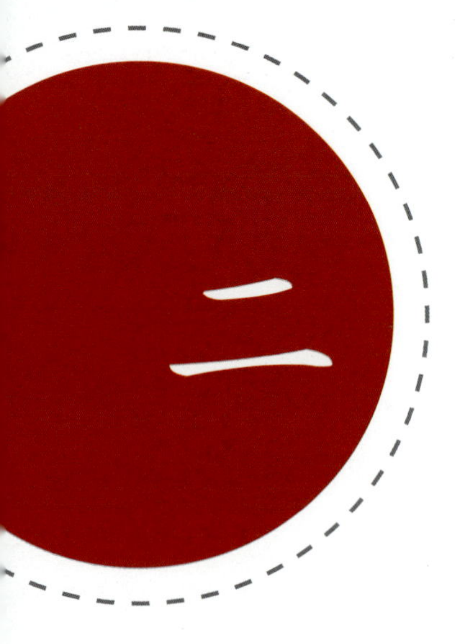

南粤公司2017年通车项目简介及各项目总体景观展示

>> 广中江二期

——紧密对接广佛肇、珠中江两大都市圈

广中江高速公路全长67.3公里，大中桥梁多达70座，桥梁比例达83.28%。项目穿越广州、佛山、中山、江门四地，由两部分组成。一是江门至广州南沙高速公路，呈东西走向，路线起于江门鹤山市雅瑶镇赤草村（接佛开高速公路），经蓬江区棠下镇、荷塘镇，佛山顺德区均安镇，中山市小榄镇、东凤镇、南头镇、黄圃镇，终于南沙大岗镇放马村（接东新高速公路）；二是佛江高速公路江门段，呈南北走向，路线起于江门江海区龙溪路（接中江高速公路），总体往北经江海区外海街道、蓬江区潮连街道、荷塘镇，以及中山古镇、小榄，终于佛山顺德区均安镇天连村，与江门至南沙高速公路相交，连接佛江高速公路佛山段。按照建设计划，广中江高速公路工程具体分三期建设，一期范围为荷塘至龙溪段，二期范围包括赤草至荷塘，三期范围为天连至大岗段(含公铁共建段)。全线采用双向6车道高速公路标准建设（其中赤草至狮子里互通为双向4车道），设计速度100公里／小时。继一期工程在2016年底建成通车之后，二期工程17.04公里于2017年12月28日建成通车。

随着广中江高速公路二期的建成通车，从江门出发，市民可以通过广中江高速公路，直接对接佛开、江肇、佛山一环、广珠西、东新、江中等7条高速公路。未来，江门也将成为广佛肇和珠中江两大都市圈交通一体化快速通道的重要节点之一，与周边城市之间的联系更加便捷、紧密，增强对粤西地市的经济辐射力。

1 滨江大桥、石山管理中心

2 江海大桥

>> 揭惠高速公路一期

——连接粤东两大经济引擎的生命线

揭惠高速公路是省网二横、四横和五横线的联络线，是纵贯揭阳和汕头两市南北向的重要通道。作为粤东地区第一条以“省市共建”双业主模式实施的政府还贷高速公路项目，揭惠高速公路于2013年12月底全线动工建设，全长约63.4公里，全线采用100公里/小时双向四车道高速公路标准建设，路线由北向南纵贯揭阳、汕头两市，连接了潮莞、汕湛、沈海等多条东西向高速公路以及潮汕机场、揭阳港惠来港区等重要交通节点。

揭惠高速公路一期工程（南段：两英至惠来段，33.5公里）于2017年12月28日建成通车，二期工程（北段：榕城至两英段，29.9公里）计划于2018年建成通车。

揭惠高速公路的建设，将成为连接揭阳市空港与惠来沿海产业带两大经济发展“引擎”的生命线。同时，揭惠高速公路将进一步完善粤东地区高速公路网，推进粤东经济一体化，增强承接珠三角产业转移能力，大大拓展东西向交通大动脉的辐射范围，加强揭阳、惠来、潮阳、潮南之间以及与建设中的潮汕机场和沿海港口间的联系，方便沿线居民的生产与生活。此外，揭惠高速公路也将为红场镇、雷岭镇等革命老区人民的出行提供新的通道。

1	2

1–2　新寮门大桥

1	2	4
	3	5

1 新寮门大桥
2-3 林招林场大桥
4 练江特大桥
5 仙田大桥

>> 潮漳高速公路

——打通潮州和漳州之间“断头路”

潮漳高速公路是国家高速公路网“宁波至东莞高速公路”的重要组成部分，起自饶平县东山镇（闽粤界），经浮山、樟溪、文祠、归湖，止于古巷镇，全长64.5公里，全线采用双向四车道高速公路标准建设，设计速度100公里／小时。潮漳高速公路建成后，起点将接驳福建省已通车的漳州至诏安（闽粤界）高速公路，终点将接潮州至惠州高速公路，是打通潮州和福建边界漳州的重要交通路线。先行工程于2014年10月28日开工建设，全线于2015年3月30日开工建设，2017年12月28日建成通车。

潮漳高速公路建成通车后，将打通潮州和漳州之间的“断头路”，变为当地社会经济发展的“致富路”，粤东地区将再添一条出省通道，对完善国家高速公路网，提高闽粤公路通道运输能力和服务水平，加强海峡两岸经济区和珠江三角洲经济区的经济联系，促进沿海地区经济社会协调发展具有重要意义。

1	2

1　东塘彩英高架桥
2　韩江特大桥

1	2	4
	3	

1 桂坑大桥
2 军埔特大桥
3 黄冈河大桥
4 蔡东高架桥

1 灯芯高架桥

2 K60+288汽车天桥

>> 仁新高速公路一期

——大大缓解京港澳高速公路车流压力

仁新高速公路是国家高速公路网“武汉至深圳高速公路”的重要组成部分，项目起点位于韶关市仁化县城口镇，接湖南省炎陵至汝城（湘粤界）高速公路，经韶关市仁化、始兴、翁源县及河源市连平县，终点接大广高速公路，路线全长163.933公里，通车里程53公里。一期工程城口主线站至城口互通段为双向四车道，设计速度80公里/小时；城口互通至仁化互通段为双向四车道，设计速度100公里/小时；仁化互通至丹霞枢纽互通为双向六车道，设计速度100公里/小时。仁新一期仁化（湘粤界）至韶赣高速公路段于2017年12月28日建成通车，预计2018年底实现全线建成通车。

仁新高速公路全线建成通车后，将与已建成的京港澳高速公路、粤赣高速公路、韶赣高速公路以及大广高速公路、广乐高速公路一并构成粤北地区直通珠三角、港澳地区以及北接湖南、江西的重要快捷通道，粤北地区再添一条出省通道。仁新高速公路一期的通车，将大大缓解京港澳高速公路车流压力，积极带动沿线地区的经济发展和繁荣。

1	2

1　城口河1号、2号大桥
2　浈江大桥

1　榕树3号大桥
2　榕树1号、2号、3号大桥
3　城口互通主线路基段
4　茶场1号大桥

1	2	3

1 城口河1号大桥
2 城口河2号大桥
3 施工期间的绿化景观

>> 龙连高速公路

——结束龙川至连平没有高速公路的历史

龙连高速公路是汕头至昆明国家高速公路龙川至怀集段的重要组成部分，也是广东省“九纵五横两环”高速公路网规划主骨架中“一横”的重要组成部分。龙连高速公路起于龙川县城东，与梅河高速公路相接，终点位于韶关市翁源县龙仙镇，途经龙川县老隆镇、佗城镇、义都镇，东源县上莞镇、船塘镇、漳溪畲族自治乡，连平县城、三角镇、油溪镇、高莞镇、元善镇、陂头镇等3县12个乡镇，通车里程约115.7公里，采用双向四车道高速公路标准建设，设计速度100公里／小时。于2017年12月28日建成通车。

汕头至昆明国家高速公路龙川至怀集段是原“7918”国家高速公路网的重要组成部分，项目全长约365公里，为广东高速公路里程第一路，项目的建设将彻底打破汕昆高速公路“省级断头路”的局面，为粤北地区提供一条东西向快速便捷的公路通道。其中，龙连高速公路的建成将结束龙川至连平没有直通高速公路的历史，对完善河源北部地区交通运输条件、促进赣闽粤原中央苏区振兴发展、改善山区居民生活生产环境具有重要作用，为沿线地区社会、经济发展注入了新的活力。

1–3　龙连项目通车景观

龙连项目通车景观

1	2
3	4

1–4　龙连项目通车景观

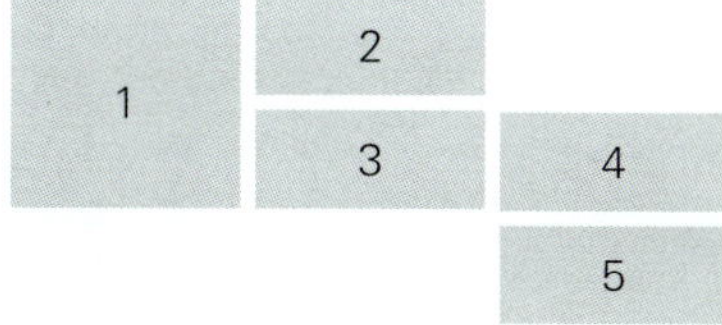

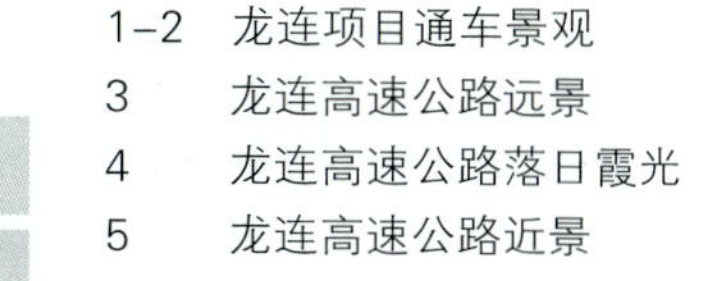

1–2　龙连项目通车景观
3　龙连高速公路远景
4　龙连高速公路落日霞光
5　龙连高速公路近景

龙连高速公路管理中心分区域种植

1
2

>> 云湛高速公路一期
——为“湛茂阳”经济圈发展按下加速键

云湛高速公路一期为广东省高速公路规划网“第二横”汕（头）湛（江）高速公路云浮至湛江段及支线工程（简称“云湛高速公路”）的重要组成，项目具有沈海高速公路复线功能，由主线、博贺疏港支线及兰海高速公路联络线三部分组成。主线起于阳江市阳春市（接罗阳高速公路），向西南经电白、高州、茂南、化州、坡头，终于吴川黄坡镇（接海湾大桥引桥公路）；博贺疏港支线起于电白黄岭镇（与项目主线相交），终于电白马踏镇（与新港大道相交）；兰海高速公路联络线起于化州市石湾镇（与该项目主线相交），终于廉江市安铺镇（接兰海高速公路及环雷州半岛一级公路），通车里程合计约269.4公里，新阳一期通车段（阳春段）采用双向四车道高速公路标准建设，设计速度120公里／小时；阳化段采用双向四车道高速公路标准建设，主线设计速度120公里／小时，支线设计速度100公里／小时；化湛段主要采用双向四车道，机场南互通至坡头互通采用双向六车道高速公路标准建设，设计速度120公里／小时。云湛高速公路一期于2017年12月28日建成通车。

云湛高速公路一期的通车为“湛茂阳”经济圈的发展按下加速键，促进粤西地区与北部湾经济区的融合，强化粤西参与大西南和东盟等区域合作，加快粤西出省高速公路通道，全面提升粤西地区整体竞争力，对粤西地区加快融入珠三角起到极大的推动作用。

跨茂湛铁路特大桥

1 2

1 鉴江大桥

2 云湛高速公路新阳段（一期）通车景观

三甲河大桥

1	3
2	4

1–2　跨茂湛铁路特大桥

3　阳化 K212+500～800路基段

4　化湛高速公路

云湛高速公路
新阳段（一期）
通车景观

云湛高速公路新阳段（一期）通车景观

1　2　1–2　合湛铁路跨线桥

1	2
	3

1-3　鉴江大桥

1	2	3

1　阳化段通车景观
2　龙头镇G325跨线桥
3　坳脚大桥

1	2	3
	4	5

1 大木山大桥–白泥坳大桥段
2 沙琅江特大桥
3 兰塘大桥
4 高田大桥
5 兰塘大桥–凤凰坡大桥段

第二篇 PART 2

路侧景观

说　明

景观营造点：边坡、填挖交界处、路侧填平区、边沟、挡土墙、土路肩等。

● **边坡：**结合周边景观条件，遵循“露、透、藏、诱”以及远、近景相结合的景观设计手法。倡导采取柔性化绿化防护方案，最大程度弱化生硬、厚重的轮廓线条；在碎落台、边坡平台、坡面（局部凿种植穴、填充植生袋）等区域点缀观花类灌木。

● **填挖交界处：**选取笔直、挺拔的观花、色叶乔木进行组团搭配，对边坡侧面不良景观、截水沟等进行有效遮蔽，打造活泼、高低错落的景观，丰富色彩层次感和视觉跳跃性。

● **路侧填平区：**以乔灌草、置石等辅助元素，打造微地形景观，打造形成高低、层次、大小、疏密不同等错落有致的景观效果。

● **边沟：**倡导生态边沟方案。

● **挡土墙：**以弱化生硬的景观效果为主，包括：墙面彩绘或选取竹类、藤本、垂吊类植物遮挡等。

● **土路肩：**选取草、灌植物装饰。

高速公路路侧景观展示

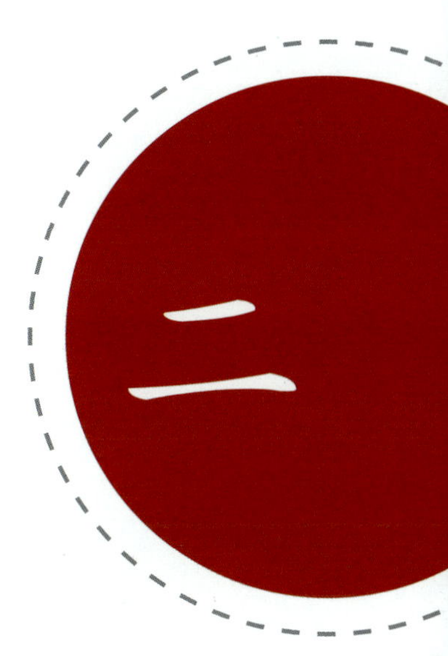

>> 新阳高速公路

1 2 1-2 边坡覆绿景观

1 | 3
2 |

1-3 边坡覆绿景观

675
石菉 马水
Shilu Mashui
1km

>> 阳化高速公路

1 2 3 4

1-4　边坡覆绿景观

1 3 4
2

1–4　边坡覆绿景观

1
2
1–2　边坡覆绿景观

1	2
3	

1-3 边坡一级平台景观 栽植勒杜鹃

>> 化湛高速公路

1 2 3 1-3 边坡覆绿景观

南粤交通 大道为公

1
2

1-2　边坡草花景观

1	2	3

1-3　边坡草花景观

>> 龙连高速公路

1–3　边坡覆绿景观
4　　边坡草花景观

石质边坡彩绘景观

挡土墙边坡彩绘景观：音乐墙

>> 仁新高速公路

边坡覆绿景观

1	2
3	

1-3　边坡覆绿景观

1　边坡覆绿景观

2–3　省界站路侧景观

>> 潮漳高速公路

1
2

1 闽粤界路侧景观
2 边坡草花景观

>> 揭惠高速公路

1–2 边坡覆绿景观

>> 广中江高速公路

路侧绿化景观

>> 港珠澳大桥珠海连接线

一期通车段（横琴北互通至南湾互通段）景观

起点段路侧景观

1	2	
3	4	5

1 人工岛侧景
2 人工岛预制栅栏板与挡浪墙景观
3 人工岛微地形景观
4 人工岛栽植东海枣
5 人工岛栽植狐尾椰

第三篇 PART 3

中央分隔带景观

说　明

景观营造点：防眩植物、防眩网、防眩板等。

中央分隔带作为高速公路的主要组成部分，具有隔离双向车流，保障交通安全，防止夜间眩光，美化路域环境，减缓驾驶疲劳的作用，其防眩功能主要通过植物、防眩板（网）等实现。一般而言，中央分隔带景观主要以在中央分隔带栽植的植物作为配景，在基于满足公路防眩功能以及保障行车安全和交通效率的前提下，通过植物种类的变化，满足驾乘人员的视觉景观感受。

高速公路中央分隔带景观展示

二

>> 阳化高速公路

1 2

1-2 阳化高速公路分隔带景观

>> 化湛高速公路

	2	4
1	3	

1　中央分隔带景观：灰莉+马缨丹
2　中央分隔带景观：黄榕
3–4　桥梁段中央分隔带采用植物防眩

>> 龙连高速公路

	2	4
1	3	

1-4　植物防眩景观

1 2 1–2 防眩网景观

>> 仁新高速公路

1 2 1-2 植物防眩景观

第四篇 PART 4

桥梁景观

说　明

景观营造点：桥梁造型（外观、色彩、缆索、塔柱、桥墩、桥台等）、桥面、照明、上跨天桥、桥下空间等。

桥梁景观的打造主要依托桥梁造型与周边景观的协调统一，通过桥梁外观、色彩、缆索、塔柱、桥墩、桥台、灯光等元素，营造与周边环境和谐相融的意境，主要包括使桥梁景观与周围景观“互补”“增强”和“保护”等，展现公路桥梁结构特有的稳定连续和跨越能力，使大桥气韵生动、神形兼备；同时，对高速公路主线上跨天桥进行精细化造型设计，加强桥下空间生态恢复设计方案。

高速公路桥梁景观展示

二

>> 阳化高速公路

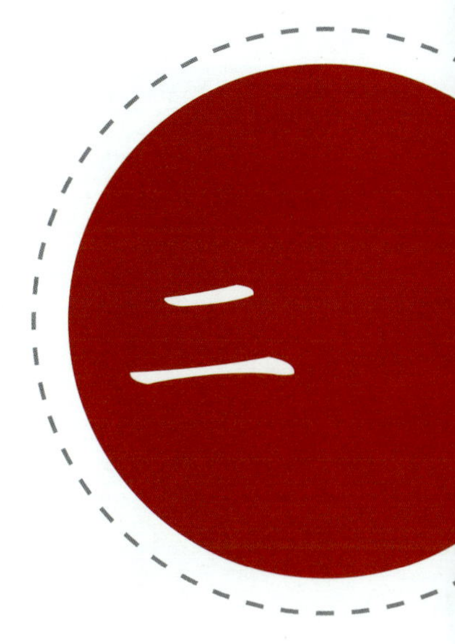

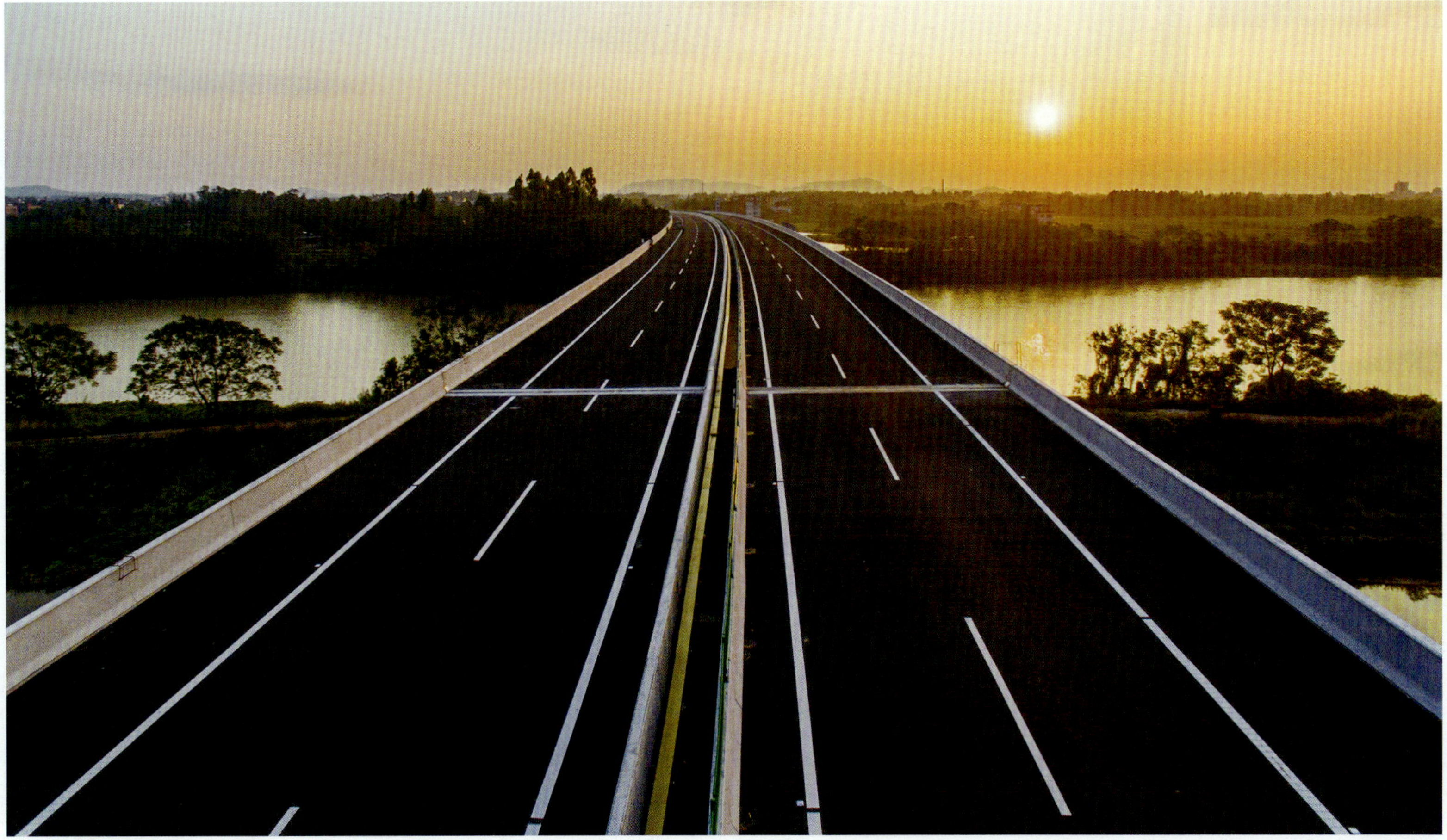

阳化高速公路

1	2	4
	3	

1 桥下种植遮阴性植被
2 坳脚大桥
3 东干渠大桥
4 鉴江大桥

>> 化湛高速公路

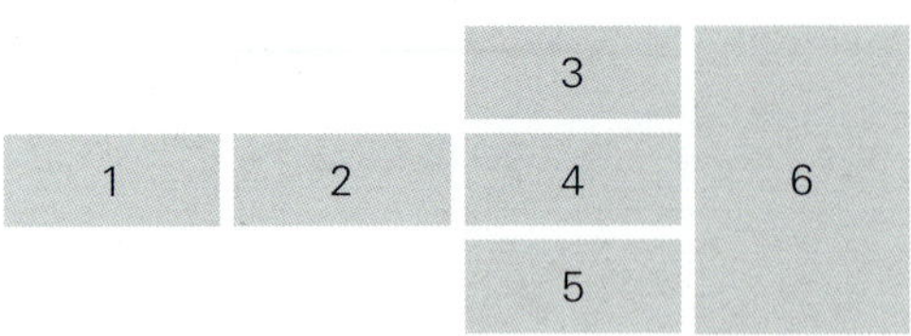

1-4　海洋特色文化涂装

5　西海河大桥

6　跨茂湛铁路特大桥

>> 龙连高速公路

1	2	3
	4	

1　大埠河大桥

2　伯公坳1号大桥

3　太坪水大桥

4　蛇背大桥

>> 仁新高速公路

1 下穿韶赣铁路顶进框架桥
2 深渡水大桥
3 锦江大桥

>> 潮漳高速公路

1	3
2	

1 意溪特大桥
2 韩江特大桥
3 河塘大桥

>> 揭惠高速公路

新寮门大桥

>> 广中江高速公路

潮荷大桥–江海大桥段

1–3　江海大桥

1
2

1–2　江海大桥

1–2　潮荷大桥
3　　滨江大桥

滨江大桥照明景观

>> 港珠澳大桥珠海连接线

1	2	3

1　南琴高架桥

2　人工岛主线桥桥面

3　南琴路高架桥底绿化景观

1	2	4
	3	

1 拱北湾大桥桥面
2 茂盛围出入口主线桥桥面
3 南湾互通主线桥桥面
4 前山河特大桥

坝峰山

第五篇 PART 5

隧道景观

说 明

景观营造点：洞口、洞门、洞内装饰等。

● **洞口：**采用简洁、粗犷、大气的布局手法进行隧道洞口景观营造，通过绿化植被、洞门造型与周边环境（仰坡、边坡、分离式路基、配电房、消防水池等）的搭配，凸显洞口景观的整体效果，力求达到动态行车过程中最佳景观视觉感受和安全行车要求，同时实现景观带动引领、“早进洞、晚出洞”“悄悄进洞”等行车效果；此外，可适当配置景石、独赏树等隧道标识景观。

● **洞门：**倡导以抽象化设计手法进行洞门设计，洞口造型的图案大小、比例、色彩等应体现简洁大气的景观要求。

● **洞内装饰：**可通过特殊的景观照明方案（如设置景观灯带），形成不同的视觉场景效果，缓解行经隧道的驾驶员的疲劳感，营造行车的安全感、舒适感。

高速公路隧道景观展示

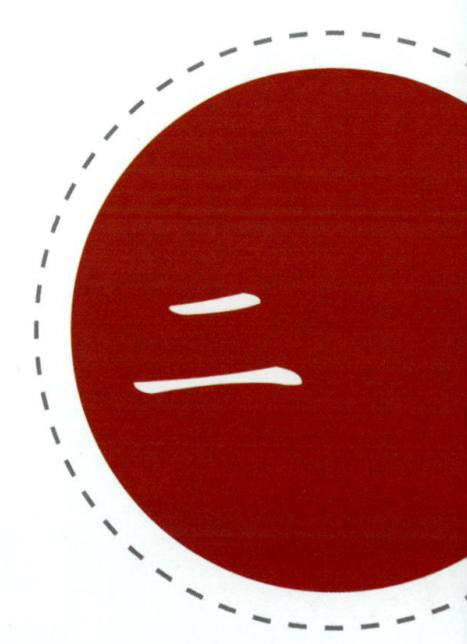

（一）洞口及洞门装饰

>> 龙连高速公路

1	2

1–2　粗石山隧道

1
2
1–2　粗石山隧道

>> 仁新高速公路

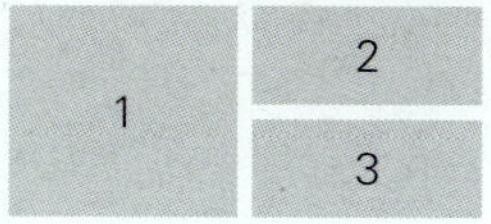

1 葛布隧道进口端

2 青山隧道出口端

3 八丘田隧道出口遮光棚

>> 潮漳高速公路

1　2

1　新屋隧道

2　军寮隧道

>> 揭惠高速公路

排金山隧道

30
坝峰山

坝峰山

1　坝峰山隧道揭阳端洞门采用茶壶造型

2　坝峰山隧道惠来端采用渔家女雕塑造型

3–4　雷岭峰隧道

>> 港珠澳大桥珠海连接线

1　2　1–2　加林山隧道

80

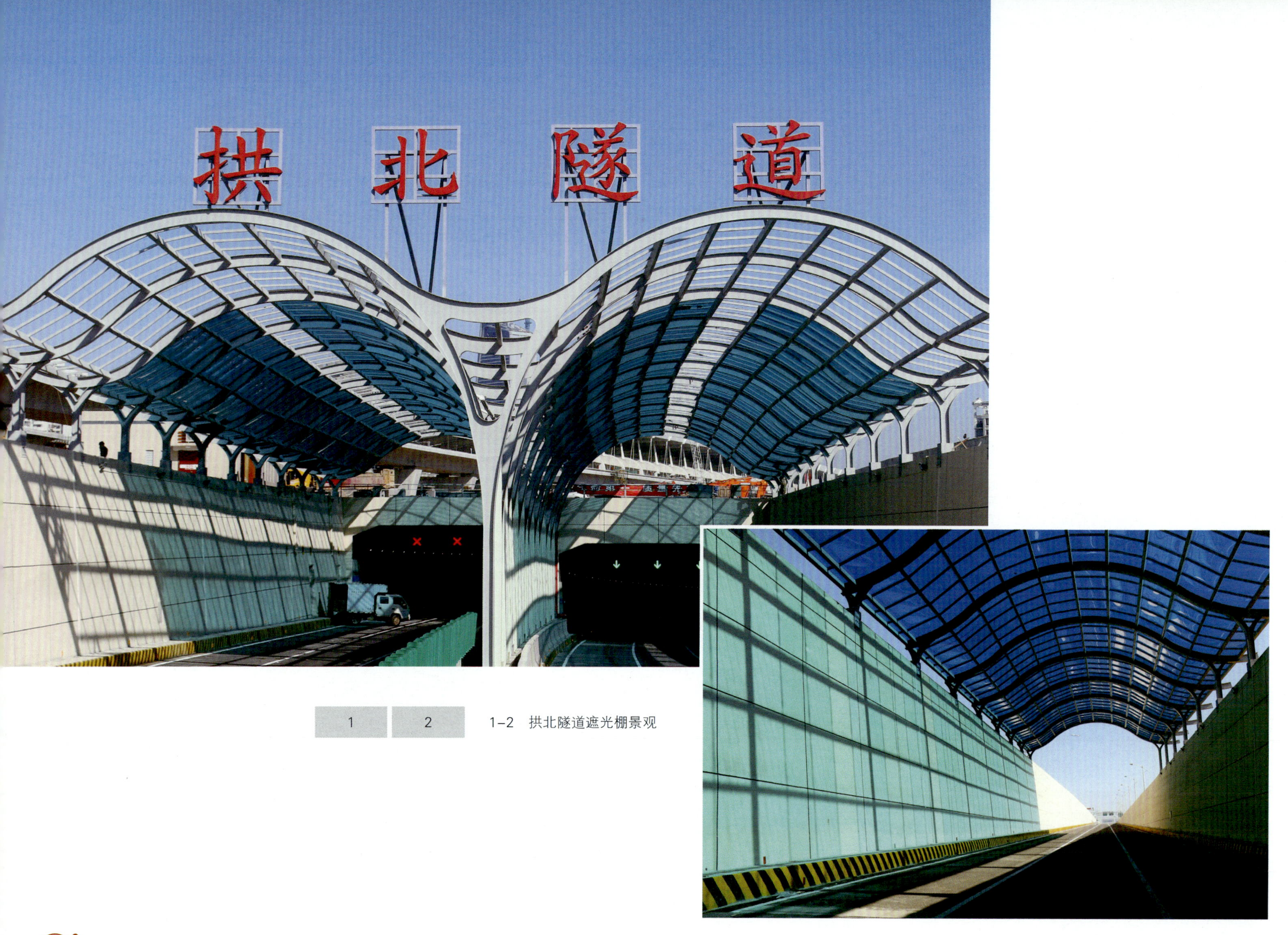

1 2 1–2 拱北隧道遮光棚景观

1	2

1 拱北隧道洞内景观：顶部防火板与侧面装饰板浑然一体

2 拱北隧道洞内景观：安装整齐的机电设备箱

（二）洞内装饰

>> 龙连高速公路

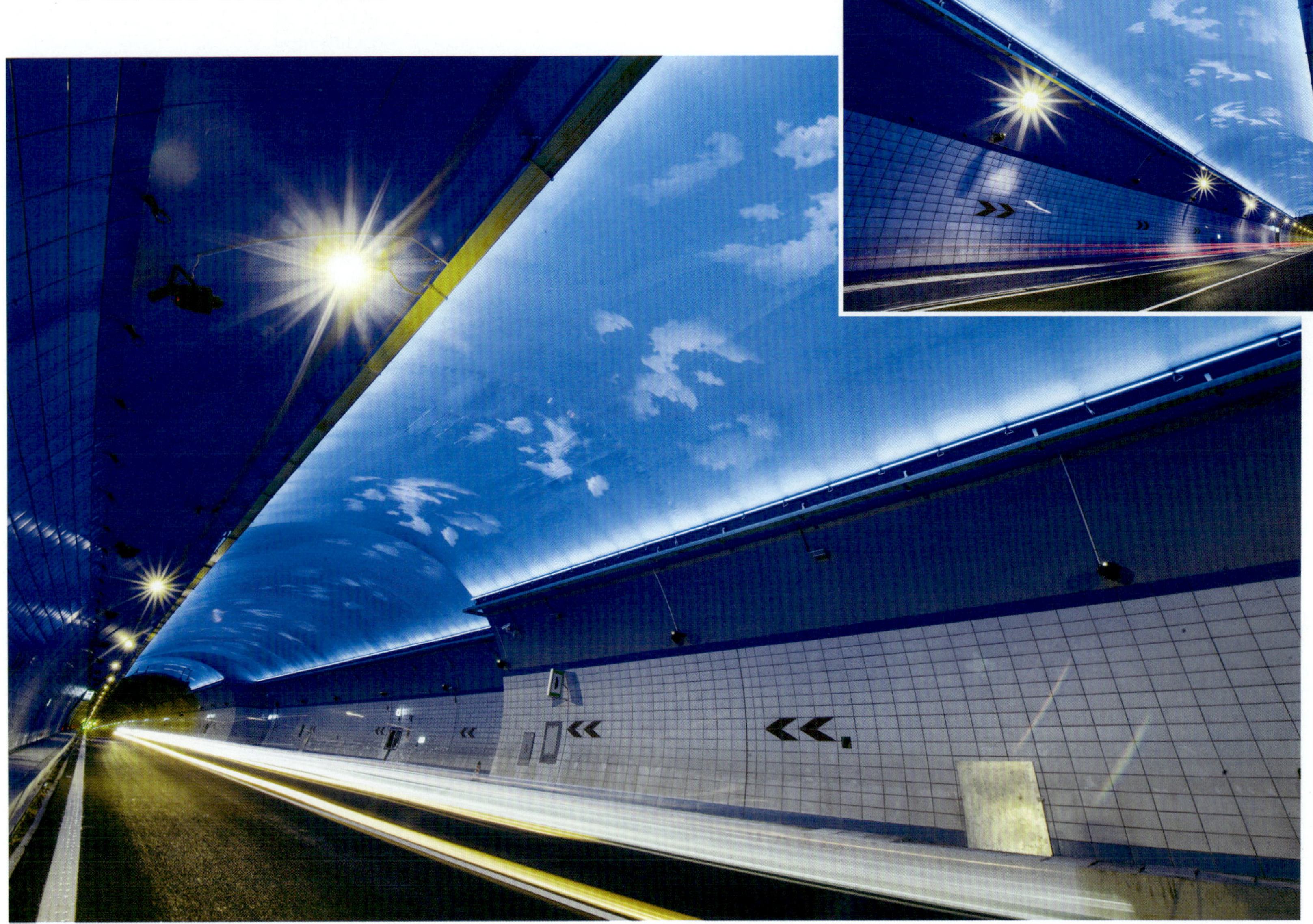

1 2

1-2 粗石山隧道内蓝天白云效果

1	2

1–2　隧道洞内景观

第六篇 PART 6

互通立交景观

说　明

景观营造点：互通立交区、收费站区等。

互通立交是在路网平台下实现高速公路与高速公路、高速公路与地方道路之间交通转换的节点，是通往某个地区的重要门户，也是高速公路重要的景观打造点，在景观工程中起到景观串联、衔接、过渡等功能。

● **互通立交围合区：**以营造地形景观（特别是微地形景观）为主，采用大尺寸、大景面的布局手法，辅以疏密有致、高低错落的植物配置以及山、水、田园风光的渗透，塑造和谐、自然的大地景观。苗木品种选择注重生态多样性理念，考虑常绿植物、落叶植物的搭配以及不同季节段花期、落叶期的搭配，尽可能营造花期错落、四季花香的效果，同时形成疏林草地、整洁大方的舒适空间。

● **收费站区：**打造以收费雨棚为主景的场区景观。其中：收费雨棚建筑景观遵循公司房建设计标准化设计指南要求，通过简洁的混凝土板加上南粤元素的红色线条，有效融入了公司企业文化元素。

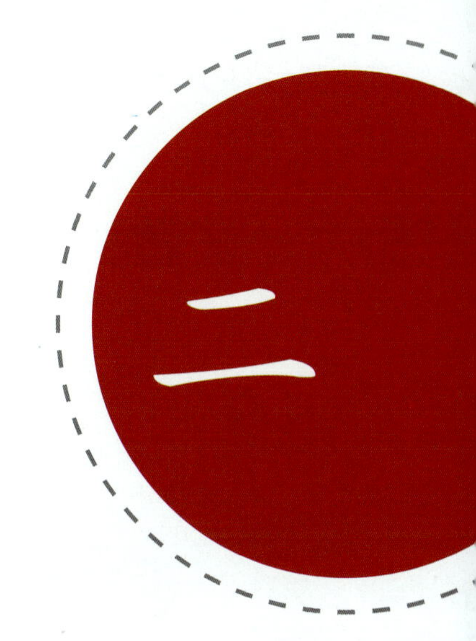

高速公路互通立交景观展示

（一）互通立交区

>> 新阳高速公路

潭水互通

1–2　潭水互通

3　潭水互通围合区地形景观

4　潭水互通围合区景观

5　潭水互通围合区草花景观

1

2

1-2 石篆互通

1–3　春城枢纽互通

>> 阳化高速公路

1	2
3	4

1-2　仙塘枢纽互通
3-4　高州南互通

1	2
3	4

1-2 金塘互通
3 金塘互通围合区
4 金塘互通围合区栽植紫荆花

1 黄羌互通

2 黄羌互通侧景观植被

黄岭互通

1-2 石鼓互通
3 丰垌互通

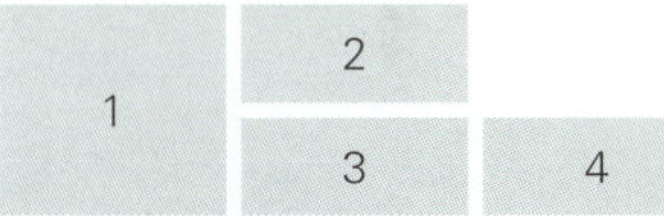

1　沙琅互通

2　根子互通

3-4　互通立交围合区草花景观

>> 化湛高速公路

1　2　1-2　樟檬枢纽互通

1
2
3

1-3　樟樣枢纽互通湿地景观

机场互通

1	2	
	3	4

1–2 洋官塘枢纽互通
3 洋官塘枢纽互通湿地景观
4 机场互通围合区

1	3	4
2		

1 横山互通湿地景观
2 横山互通
3 廉江东互通
4 林屋枢纽互通

>> 龙连高速公路

1	2

1–2　元善枢纽互通

1 三角枢纽互通
2 陂头互通
3 忠信互通围合区
4 互通出口三角端分流鼻

>> 仁新高速公路

1	2	5
3	4	

1-2　丹霞枢纽互通
3-5　南浦枢纽互通

>> 揭惠高速公路

	1	4
2	3	

1 雷岭互通
2 雷岭互通围合区绿化景观
3 两英互通
4 美园枢纽互通

>> 广中江高速公路

沙富互通

>> 港珠澳大桥珠海连接线

南湾互通

（二）收费站区

>> 阳化高速公路

	1	4
2	3	

1　　茂名港收费站
2-3　采用整体式智慧收费亭方案，外观采用红棉图案
4　　高州南收费站

高州南

>> 龙连高速公路

1 陕头收费站

2 连平东收费站

丹霞山收费站

1
2

1–2 城口主线收费站（粤湘界）

粤闽主线收费站

>> 揭惠高速公路

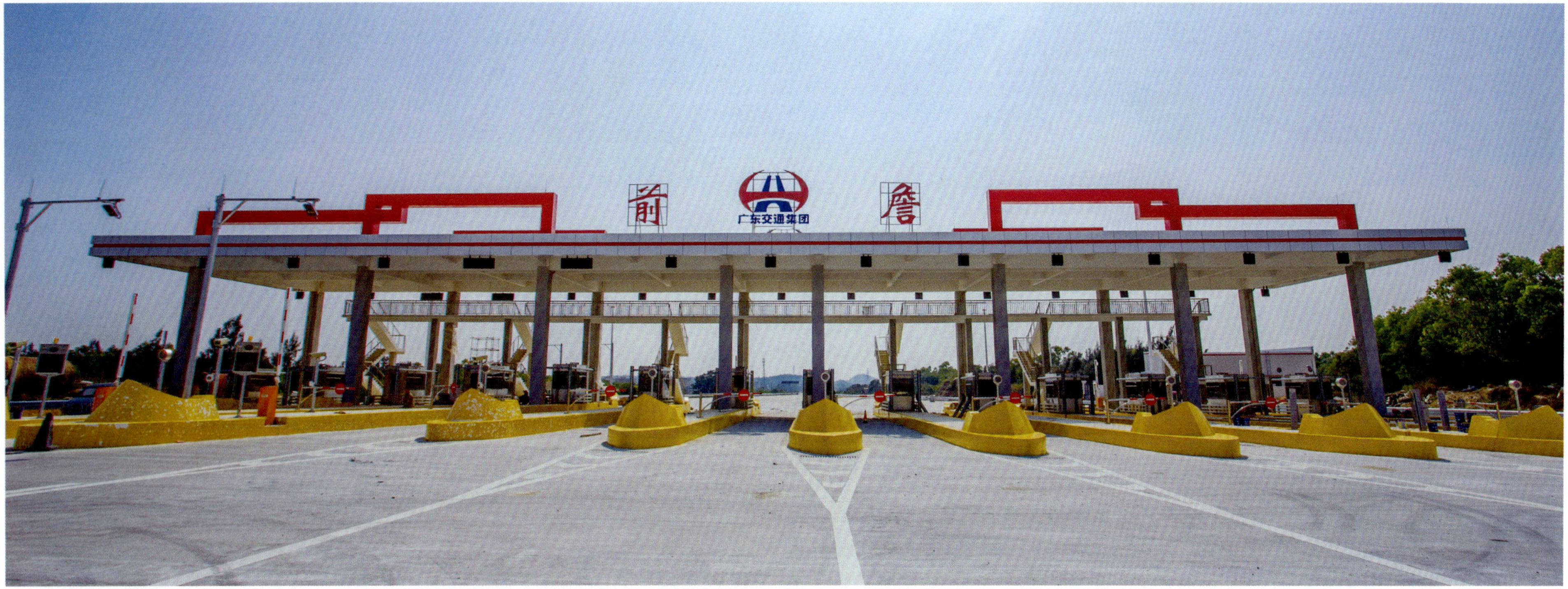

1	
2	

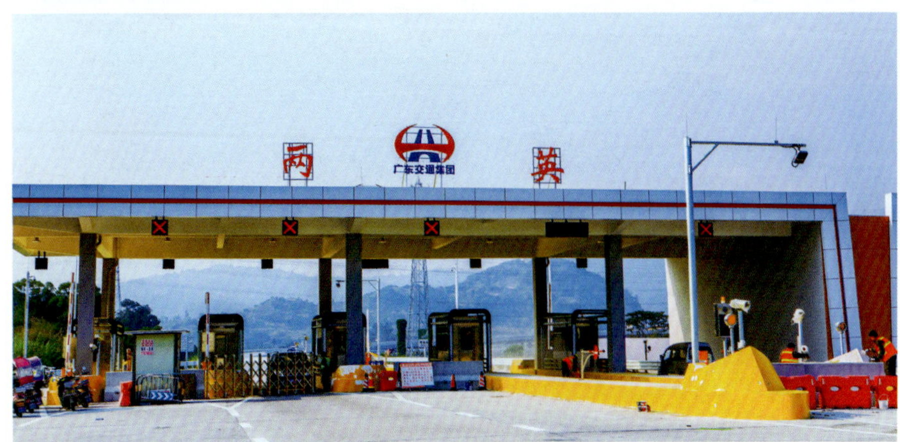

1 前詹主线收费站
2 两英收费站

>> 广中江高速公路

1 南山收费站
2 沙富收费站

第七篇 PART 7

服务设施（服务区、停车区）景观

说　明

景观营造点：停车场区、综合服务楼、其他服务设施等。

基于服务区、停车区的服务功能定位，要求场区整体景观突出简洁、大方的特点，以人为本，地域文化、公路文化元素与场区景观、建筑景观、自然景观互相融合。具体依托停车场、综合服务楼、加油站、硬质景观元素等景观载体，借鉴城市公共空间的设计手法，合理把握提炼公共活动场地人性化、景观化设计元素（绿化、建筑、地形、小品等），以景观促美好，为驾乘人员营造舒适体验感。

二

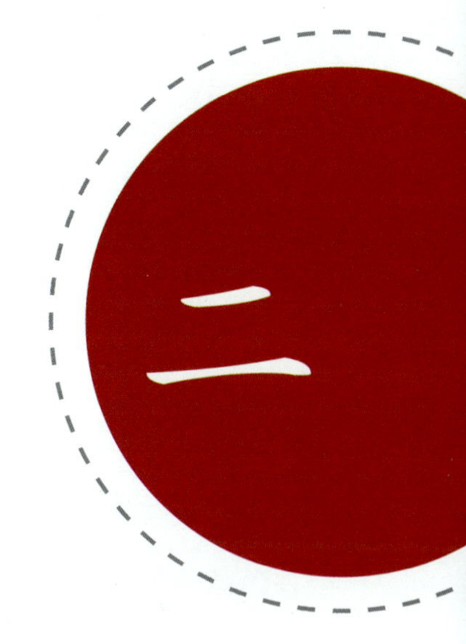

高速公路服务设施景观展示

（一）停车场区

>> 化湛高速公路

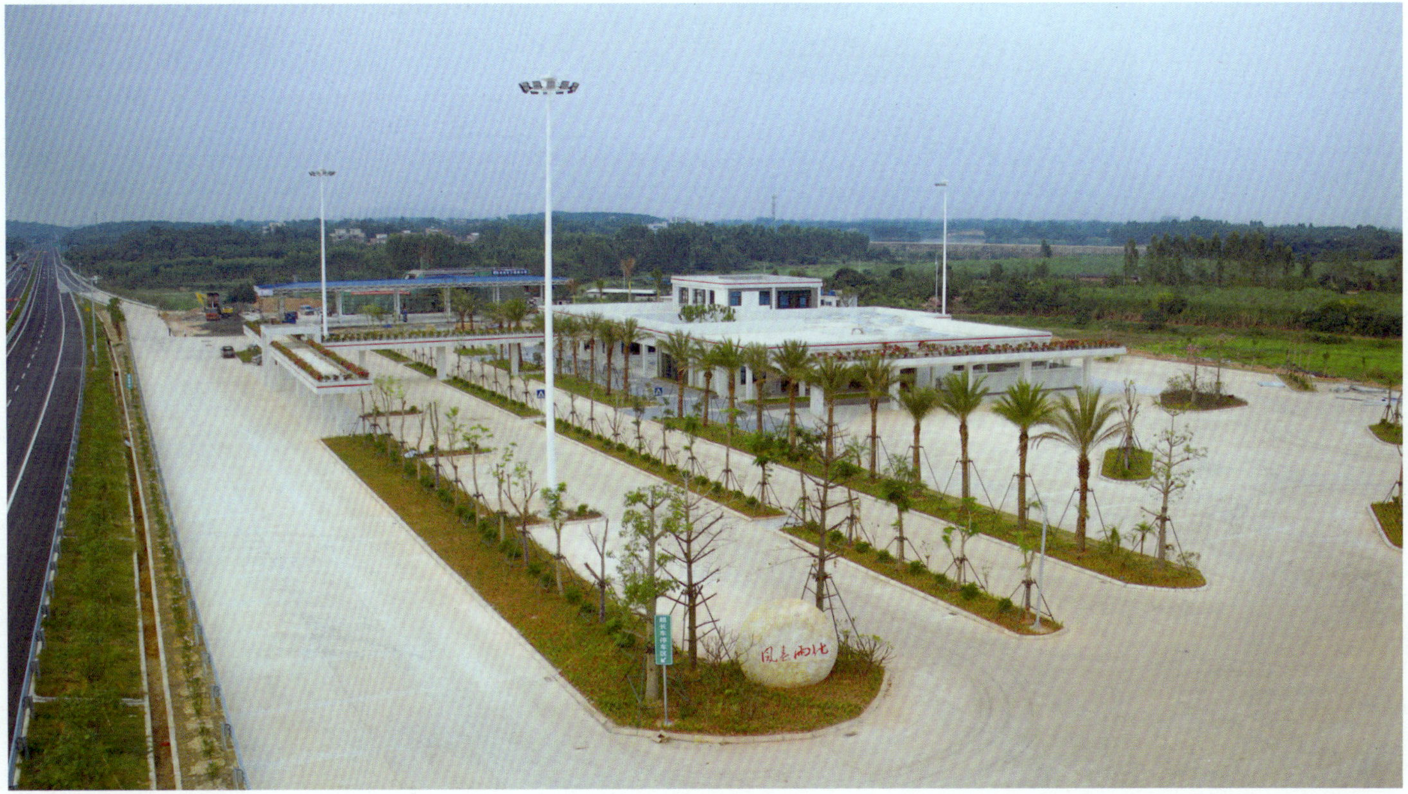

良光服务区

>> 龙连高速公路

1	2

1 连平西服务区
2 连平东服务区

>> 仁新高速公路

1　2

1-2　丹霞服务区

（二）综合服务楼

>> 阳化高速公路

石鼓服务区女卫生间

>> 化湛高速公路

	2	3
1	4	

1-2　良光服务区服务楼中庭

3-4　良光服务区服务楼外部人行道

1–2 良光服务区风雨连廊：顶部种植勒杜鹃

3–4 良光服务区服务楼卫生间

>> 龙连高速公路

1	2

1　连平西服务区：服务楼曲线造型

2　连平西服务区服务楼便利店

1　丹霞服务区服务楼中庭

2　丹霞服务区服务楼外侧儿童娱乐设施

（三）其他服务设施

>> 化湛高速公路

1	2

1 湛海生花石夜景

2 贝壳雕塑夜景

>> 仁新高速公路

服务区标识牌

第八篇 PART 8

办公（生活）区景观

说　明

景观营造点：办公楼、综合楼、宿舍楼、场区道路、运动区、休闲区、硬质景观、停车区等。

办公（生活）区要求场区建筑景观、人文景观、山水自然景观互相融合，综合展现地域文化、企业文化、建筑文化等元素，重点以办公楼、综合楼、宿舍楼、场区道路、运动区、休闲区、停车区等内容为载体，通过植物造景的手法，突出各功能分区特点，增强空间的多样性、层次感和趣味性，满足基层员工工作、生活需求。

高速公路办公（生活）区景观展示

二

>> 化湛高速公路

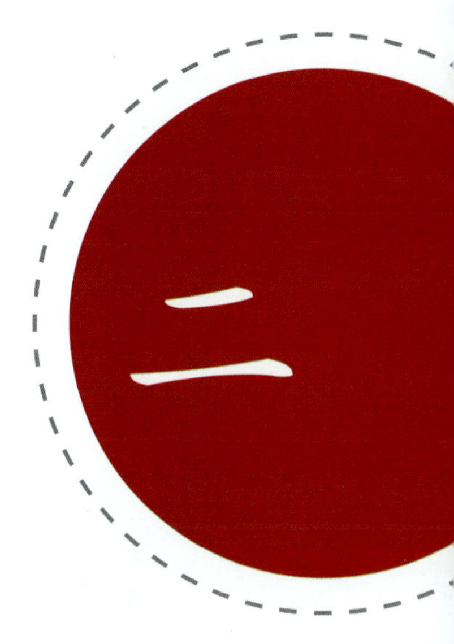

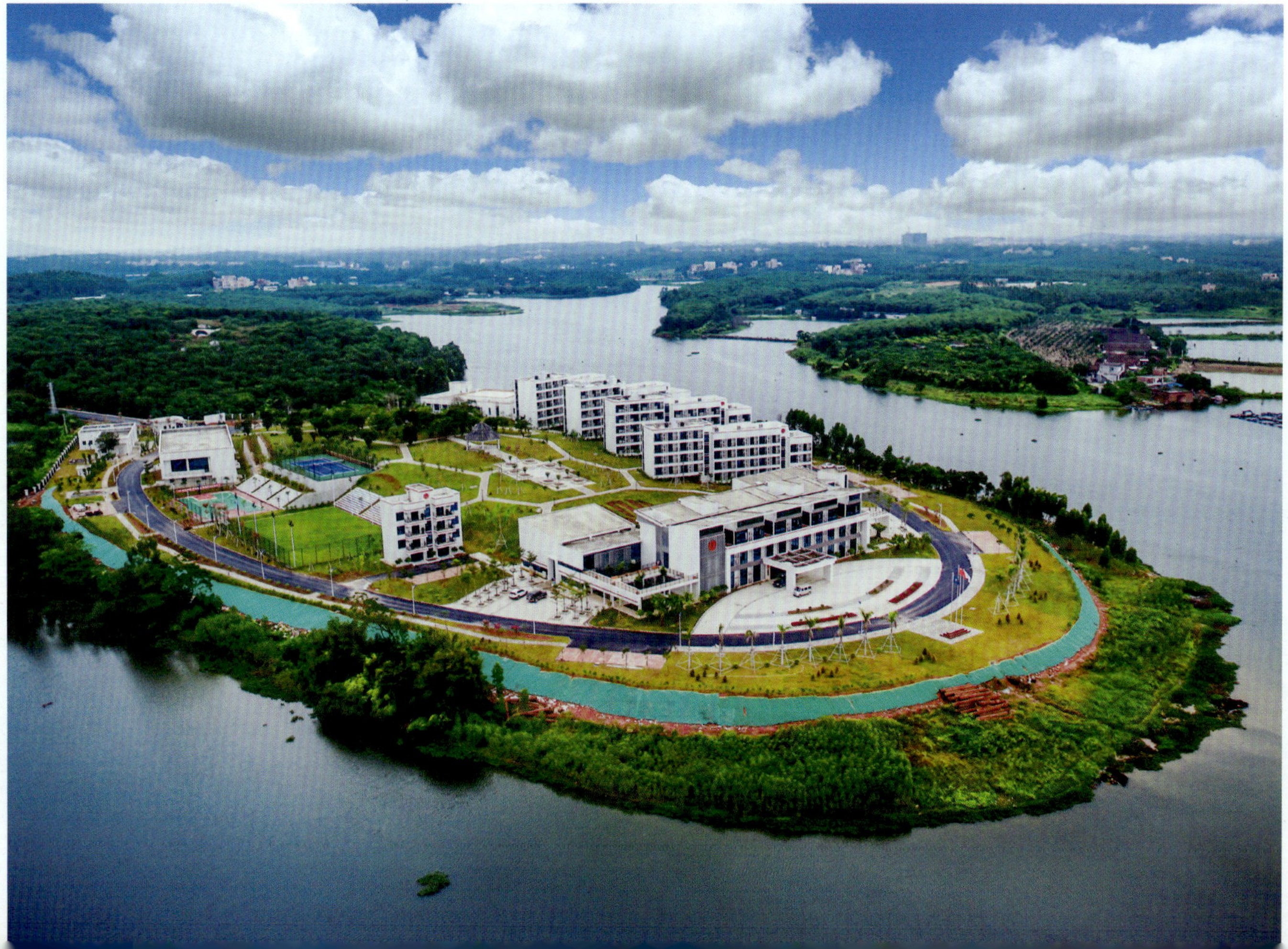

管理中心全景图

	1
2	3

1 办公楼
2 宿舍楼
3 综合楼

1 管理中心入口大门

2 管理中心园区

>> 龙连高速公路

大埠管理中心

1

2 3

1-3 大埠管理中心园区景观

>> 仁新高速公路

1 省界集中住宿区
2 江尾管理中心

>> 潮漳高速公路

1 办公楼

2 意溪管理中心全景图

>> 揭惠高速公路

仙桥管理中心

>> 广中江高速公路

1	3
2	4

1 住宿区
2 管理中心大门
3 回廊
4 办公楼入口大厅

1 监控楼

2 监控中心

>> 港珠澳大桥珠海连接线

港珠澳大桥珠海连接线管理中心

第九篇 PART 9

其他景观

（一）声屏障景观

>> 化湛高速公路

1	2
	3

1–2　红棉图案造型
3　　竹林图案造型

薰衣草图案造型

1　2

1　透明造型

2　一般造型

>> 龙连高速公路

1 2 1-2 透明造型

>> 潮漳高速公路

1	2

1　茶叶图案
2　透明图案

（二）置石景观

>> 新阳高速公路

1 2

1 潭水互通景观石
2 石菉互通景观石

>> 阳化高速公路

丰垌枢纽互通置石景观

>> 化湛高速公路

1	2
3	

1 管理中心景观石
2 机场互通景观石
3 良光服务区景观石

>> 仁新高速公路

1	2

1 葛布隧道景观石："丹霞叠翠"
2 青山隧道景观石："青山锁绿"

>> 潮漳高速公路

韩江特大桥景观石

（三）取弃土场景观

>> 仁新高速公路

1	2

1　锦江弃土场绿化防护景观
2　弃土场绿化防护景观

（四）其他公路设施

>> 仁新高速公路

1 2

1-2 便道复绿景观

后记 POSTSCRIPT

关于『南粤品质工程』的浅译

一、理念是品质的基础

管理的思想文化决定理念的先进性，技术决定了理念的可行性，理念则决定了企业的发展，更是打造“南粤品质工程”的基础。主要包括：文化的准确定位、理念准确定位、技术更新及时、技术保证有效、技术决策与理念相符、技术管理规范等方面。

二、管理是品质保障

管理是实现理念的工具，也是实现目标的过程，管理工作与方法决定了管理的成效，所以打造管理品质实际上就是形成更合理、更完善的管理机制，其中包括所有为创建“品质工程”而制定的管理制度、办法、文件、决策等。主要包括技术、安全、质量、进度、资金、审计、廉政、合同管理等多个方面。

三、工程品质是南粤品质的核心

工程品质是创建“南粤品质工程”的一项重要的工作，是基于从项目规划到项目交工的所有中间环节，应着力于从技术决策到工程实施的全过程，最终提交一份“优质”的品质工程，其中间包括所有的技术决策、管理决策与管理方法。主要内容包括基于“绿色公路”“品质工程”的技术决策要求、保证“品质工程”的各项管理措施等方面。

四、使用品质是最终的用户体验

高速公路最终为人、车服务，对人、车的服务品质主要有安全、耐久，而对人的服务品质还包括从视觉、触觉到感觉，最后形成个人综合评价的所有设施、设备等硬件服务功能。其中包括高速公路的进出口设置、路域景观效果、公路的主要功能（安全、舒适等）、服务区内各设施、功能以及人性设计等方面。

五、服务品质是软实力

高速公路运营期的“软件”服务，主要指管理及服务团队的文化、服务、工作成效等，这是公众接触面，也是创建“品质工程”的重点，所以以文化为核心的工作与服务，必须首先把握文化主线，并要求所有的服务团队目标一致，并为之努力。

广东省南粤交通投资建设有限公司总工程师：乔翔